Fabrizio Coccia

MALATO D'INFINITO

Youcanprint *Self - Publishing*

Titolo | Malato d'infinito
Autore | Fabrizio Coccia
Copertina a cura dell'autore
ISBN | 978-88-91122-90-2

Youcanprint *Self-Publishing*
Via Roma, 73 - 73039 Tricase (LE) - Italy
www.youcanprint.it
info@youcanprint.it
Facebook: facebook.com/youcanprint.it
Twitter: twitter.com/youcanprintit

INTRODUZIONE

Non esiste un solo sguardo corto, in me, che sono malato d'infinito.
Nessun sentiero è breve, per me, perché tutto ha un'estensione.
Il passato che non è mai passato, il presente che non si limita mai al presente e il futuro che, seppur con la sua parte di imprevedibilità, contiene già dentro sé visioni, pronte a schiudersi.

È una strana malattia, che non ha cura. Ma anche vi fosse, non avrei alcuna intenzione di guarire.

Se solo penso, a quanta vita persa, inesplorata. A quanta ricchezza che rimarrebbe inutilizzata, sprecata. Non si esprimerebbe il meglio di me, non sentirei dentro, quelle agitazioni riflessive e creative, che tanto mi sono care. Anche quando mi conducono, in territori scomodi.

Mai potrei scegliere, di andar via da tutto questo.

Non mi si può chiedere di ignorare, quanto sia straordinario fare viaggi elaborati, senza muovere un muscolo.
Non posso prendere con leggerezza, quella che ormai è una solida consapevolezza : chi è malato d'infinito, è benedetto, perché non si tratta di una patologia degenerativa, ma anzi esattamente il contrario. Aggiunge tessuto, spessore, linfa vitale.

È il mio segreto rigenerativo, che mi permette di proseguire.

Se oggi sono ancora qui, ora sapete il perché.

Fabrizio

Alla mia Anima spaziosa;
al mio cuore umile e instancabile;
alle impareggiabili suggestioni della Natura;
al potere curativo della bellezza;
all'Amore, delizia e croce, ma guai se non ci fosse;
alle donne e alle madri, che muovono il mondo;
alle vittime del Vajont e a tutte le vittime del
fango umano;
ai preziosissimi concetti di umiltà e semplicità,
da decantare con insistenza;
a tutte quelle persone e cose, che portano luce
e calore, indispensabili all'esistenza;
a quello che mi manca, alle mie adorabili fragilità,
ai miei coraggiosi ideali e al mio spirito irrequieto;
alle mie silenziose vittorie, ma che dentro me,
cantano a gran voce;
a quello che non so descrivere, ma che parla con
me e a tutti quegli intensi momenti, trascorsi
in compagnia dell'infinito.

IL CONFINE

Dove molti guardano,
ma non vedono,
io miro i miei sensi
e scopro meraviglie...

Parte il mio spirito,
inarrestabile!
Vola oltre le barriere,
attraversa distese,
sorpassa le nuvole,
irrompe nel mare!
E tutto dopo quel muro,
che per gli altri
è confine
e per me
è sorpresa.

Forse illuminato,
da qualche fulgida luce.
Forse predestinato,
ad un misterioso progetto.
O forse, in fondo...
terribilmente normale...

MIRANDA

Riecheggia,
in atmosfere rarefatte,
il suo dolce canto.
E i miei occhi,
riempiti
di eterea bellezza,
la vedono ancora,
che si fa largo
in scenari,
di selvaggia Natura.

Miranda...
Di lei, qualcuno dice,
che conoscesse
segreti inaccessibili.
Miranda...
Non di questo mondo,
ma che pareva
non sortirne, però,
i nefasti effetti.
Intanto che parlava
placidamente stesa,
a farfalle e fiori.

Miranda...
Che un giorno
il mistero ha inghiottito,
ma che rivive,sempre,
nelle parole
di un menestrello.
Mentre
da qualche parte,
canta instancabile
la sua storia.

DOMANI

Ci risentiamo domani,
quando avrai trovato
le conferme.
Le quali ti spiegheranno,
tutti i perché di me.

Ne riparliamo domani,
quando ti servirà
un abbraccio,
per lenire salatissime lacrime
di amare realtà,
che ti verranno a trovare.

In quello stesso domani,
che farà male
anche a me.
In quanto,
resurrezione
non ci potrà esser più.
Per le cose
che sono andate
perdute.

QUATTRO PASSI NELL'ARIA

Sorprendente scoprire,
come il tocco lieve
di una brezza serale,
possa portarsi via, d'incanto,
la pesantezza
del vivere.

Straordinario ritrovarsi,
dentro un mattino
con un sole,
così raggiante,
da far evaporare
ogni lacrima.

E prendo atto,
di quanto semplici siano
le richieste,
della mia Anima.
Il cammino,
che diventa spensierato
e l'espansione
di un sorriso,
inviolabile.

Quattro passi nell'aria.
Sollevato,
da forze delicate
di incredibile efficacia.

ANCORA QUI

Ancora qui.
E se fosse vero
che la grandine,
vince soltanto
su tetti fragili.
Se siamo ancora qui,
prendiamoci l'onore
di esibire
questa colonna,
dal capitello d'oro.
Che mi fa
da guida costante
per il mio caos,
per i miei smarrimenti.

E poi,
quando mi volto
nella direzione giusta,
ti scopro
ancora qui.
La visione,
che torna limpida.
Tersa,
da bellissime lacrime,
di un dolcissimo orgoglio.
Che sempre qui ritrovo,
a ristorarmi l'Anima.

QUANDO LA NOTTE

Quando le porte del buio
si spalancano,
l'abisso ha tanto da mostrare,
da non esser mai
lo stesso.
Quando l'oscurità irrompe,
è un'esplosione imprevedibile,
che dopo il fragore
lascerà disperazione
o benedizione.

Quando la notte ti chiama,
non sai mai prevedere,
quali parole userà.
Quando la notte ti avvolge,
può rivelarsi
madre premurosa,
o folle assassina.

Quando la notte, per paradosso,
ti regala la Grazia
del sole.
O quando,
pur consegnandoti
alla luce del mattino,
non rischiarerà.
Su quello che hai perso,
o su quello
che non hai mai trovato.

AL MATRIMONIO DI SARA

Non c'è bisogno,
che io sia presente.
Perché tutto
comunque saprò,
dei tuoi pensieri.
Mentre sospirando,
ti avvierai.
Fra sguardi, bisbigli e pizzi.

Certi passi,
sembran leggiadri,
ma carichi invece sono
di mille cose.
Che nessuna foto,
potrà mai catturare.

Sotto l'organza,
i ricami e le perle,
c'è un altro mondo,
che ha vita propria.

Nessuno ascolterà,
le parole
di quel sermone.
Nessuno vedrà,
certi abbracci.
Nessuno saprà,
a chi lancerai
i tuoi fiori.
E nessuno conoscerà
i regali,
che davvero desideri.

SOLO CON TE

Solo con Te,
so che posso volare
in quel luogo,
dove nascono
e sopravvivono,
i pensieri più felici.

Solo con Te,
so che posso trovarmi,
dove è un tripudio
d'azzurro.
Di cielo
che si incontra
col mare.

In quell'infinito,
di magica fusione.
Che solo con Te,
può avvenire.
A colmare
certi autentici bisogni,
che non riesco
altrove.

QUEL GIORNO SUL LAGO

Quel giorno sul lago,
poggiati
su banchina oscillante.
Io, però,
forte la sentivo,
la nostra stabilità.

Quel giorno sul lago,
le nostre sagome
deformate dall'acqua,
non mi destavano
preoccupazioni.
Sicuro io ero,
della nostra immagine.

Dentro la bellezza,
profusa ovunque,
accesso negato
ai più remoti timori.
Ma il tempo beffardo,
cambia in fretta.
E giù pioggia acida,
a sciogliere
l'incanto.

Eppure,
anche adesso che ripenso
a quel giorno sul lago,
colpevole non mi trovo
della mia
trasognata ingenuità.

Di fronte
ad un immenso specchio

di bagliori lucenti,
chiunque avrei sfidato
a trovar spazio.
Per funesti presagi.

L'AMORE CHE VIVE

Un tempo,
un corpo unico
ed intenso.
Ora, invece,
me lo ritrovo a frammenti,
sparsi
nel mio quotidiano.
Eppure,
basta sfiorarne uno
per sentirsi arrivare,
ancor oggi,
delle fitte
dentro l'Anima.

Tangibile messaggio,
per i più miscredenti,
che la forza dell'Amore
sa restar viva,
anche frantumata.
C'è un sapore
di eterno,
in quelle parti.
Che continuano
ad irradiare impulsi,
di tumultuanti passioni.

LA CULLA NEL FANGO

Lo sguardo del mondo,
che in un sol giorno
si è girato,
all'unisono.
Uno spaventoso miracolo,
per il timido paesello.
All'improvviso,
fra la piccola gente,
un fiorire
di signorotti impettiti.

E fu tutto un esondare :
prima l'acqua
e i detriti.
Poi le ondate,
di solenni parole.
E giù le medaglie,
e le omelie,
provenienti da ogni dove.
Il copione collaudato,
trovò
un nuovo palco.

Ma ogni volta s'illude.
Quando pensa di lenire,
anche un po',
dolore e smarrimento,
che bruciano
nel profondo.
E quella culla nel fango,
resta, ancor oggi,
un grido che penetra.

È tornata la calma.
Però mai più,
il silenzio.

I TEMPI IMMOBILI

Tempi immobili.
In questo vortice
di giorni,
che gira indisturbato.
Contenitori ermetici,
di sogni e credi,
ibernati da un orrore
di intensità
paralizzante.
Inchiodati a pareti,
di carne morta.

Tornano però a sanguinare,
quando la repulsione
prende il sopravvento.

Ondate di vita rabbiosa,
chiedono
a denti stretti,
una perenne estate
di fiducia.
Periscano per sempre,
questi tempi immobili.
Onte macabre,
che tentano di corrodere
dignità inviolabili.

GENTE DEL SUD

Inverni banditi,
laddove la passionalità
è consuetudine :
costante ed esibita.
Sotto le pelli ambrate,
cuori mai a riposo.
Spezie,
nelle cucine
e nei giorni.

È gente del sud,
che le radici
da quelle terre,
mai estirperanno :
certi caldi colori
e speciali profumi,
sempre li seguiranno.

È gente del sud,
con la verità del sentire
e la tenace e volitiva
difesa di esso.
In eterna simbiosi
con miti e leggende,
suggestioni e riverberi.

La speciale,
gente del sud.
Isolata spesso,
dal resto del mondo,
che da sempre
la invidia e la teme.
Mete irraggiungibili,
di innata sensualità
e di un sapore
ineguagliabile.

FIORI DI CAMPO

Fiori di campo,
cresciuti
dove ombra non c'è.
Col privilegio,
di tutte le attenzioni
del sole.
Circondati,
dall'oro delle spighe.

Ma nonostante
la corte dei lussi,
non ostentano.
Nessuna concessione,
alle lusinghe.
Un sapere innato,
li fa presentare
con umili vestiti.

Consapevoli che,
da sempre,
è la semplicità
a toccar l'Anima.

E COS'ALTRO?

E cos'altro?
Se non una terrazza,
in fondo
ad una via.
Sguardo distratto,
nonostante
l'accattivante veduta.

E cos'altro?
Folla di pensieri,
fra un tiro e l'altro
di sigaretta.
Ed un vento,
che rompendo
questa staticità,
pare capirmi.

E cos'altro?
Spalle in disarmo,
che non parlano
di alternative.
E due passi, calmi...
verso ignota destinazione.

OCCHI RIDENTI

I tuoi occhi ridenti,
sono un atto di fede,
una contagiosa testimonianza
di vittoria.
Versano miele,
sugli ingranaggi
della mia esistenza,
altrimenti
a rischio d'inceppo.

Dicono sempre sì.
Mi danno,
la vitale conferma :
non esiste ombra
così estesa,
da sopraffare la luce.

GIUGNO SMAGLIANTE

Un esordio d'estate,
di notevole fattura.
Mi esplode davanti,
oggi.
Non manca di certo,
un sole protagonista,
ma non è
per nulla arrogante.
Non manca di certo,
una tavolozza assortita.
Ma questa non è
di quelle tipiche :
qui i colori,
sono davvero squisiti.
Giunge anche,
una piacevole brezza salmastra,
a legare il tutto.

Non me ne volere,
giugno smagliante,
se solo ora
mi accorgo di te.
Dovevo attendere,
la mia visione tersa.
Dovevo attendere,
l'arrivo
della mia "estate".

CARA NONNA

Cara nonna,
mi raccontano
di tempi severi,
in tutto.
Desideri tanti,
concretezze poche.
Il rigore obbligato,
congelava tanti sussulti.
Rare concessioni emozionali
e divagazioni di pensiero.

Ma allora cos'è, per me,
abitante di altri tempi,
la nostalgia che adesso ho,
di quel vivere?
Forse sarà
che questo prendere,
a piene mani,
ha alimentato
una pericolosa ingordigia.
Forse sarà
che siamo usciti
troppo a pressione,
da antichi binari.
Per essere scagliati
così in lontananza,
da non ritrovarci più.

Pensare che, cara nonna,
vi sareste entusiasmati,
d'improvviso,
in mezzo a questa libertà
di possibilità.
Ma io ti dico,

in cuor mio :
mi hanno disperso,
frammentato e confuso.
Che ora sento,
la mancanza di un sentiero.

Se tornare indietro
non si può,
almeno, cara nonna,
guardami con indulgenza,
da lassù.
Fammi arrivare, in qualche modo,
un tuo abbraccio.
Una sosta di ristoro,
una pausa di stabilità.
Nel mezzo
di questa mia esistenza,
votata al vago.

ASPETTERO'

E va bene, aspetterò.
In una sola contrazione,
manderò giù
tracce di amaro,
rimaste
nella mia bocca.
E a questo mio sguardo dirò,
di togliersi
da tutti i vicoli ciechi.
Calmerò il respiro,
butterò via orologi.

Ed aspetterò...
Vicino a questa finestra,
dilaterò i tempi
dei migliori ricordi
e me li farò bastare.
La fiducia ritroverò,
dentro di essi,
perché mi riprenderò
tutto il bello possibile.
Che,
come un potente nutrimento,
non mi farà deperire.

In questa attesa...

DALLA SCOGLIERA

Distese infinite,
argentee e tremolanti.
E sopra, invece,
cinerine e sconnesse.
Sono ambedue interrotte:
ora l'una,
da lingue dorate,
ora l'altra,
da squarci lucenti.
Ma mutano altresì d'aspetto.
E sembrano far a gara,
per lo sguardo più lungo.

Intano i miei occhi,
rapiti dalle due parti
e mai sazi
di esse,
si chiedono se un giorno
potranno farne a meno.

L'ECLISSI

Negli immensi cicli,
dell'universo
che mi si muove dentro.
Potresti sorprendermi,
nel momento
dell'eclissi.

Ed è allora, che ti prego,
di soffermarti un po'.
Siedimi accanto,
ed aspettiamo insieme
il ritorno della luce.

Lascia
che sotto di essa,
tu possa trovare
altre rivelazioni
di me.

UN PIENO DI SOLE

È una cecità
che non spaventa.
Questo non vedere,
non ha connotazioni
negative, anzi.
Il mio cammino è confortato,
mentre faccio
un pieno di sole.
Su questa strada
che uno speciale mattino,
ha trasformato
in scia di luce.

Abbracciato mi trovo,
dalla luminosità.
È come avere
una corazza di benessere,
che anche quando, svoltando,
torno nell'ombra,
lo stesso mi segue.
Un miracolo abbagliante,
scopro sorpreso,
ha annientato
ogni macchia scura.

LA PARTE MIGLIORE

Come sarebbe riduttivo,
chiamarli solo
“bei ricordi”.
C’è un abisso
di profondità,
in essi.
Mettono sotto luce,
prove tangibili
ed inconfutabili.

Il tempo non sbiadisce,
anzi dilata,
il potere
di certi segni di bellezza.
Si è espressa
e vive ancora,
la parte migliore di me.

La parte migliore,
di noi.

MATER

Mater è la terra,
che sa infondere
nelle sue trame,
preziosi ingredienti,
che esploderanno
in colori, profumi e forme.

Mater è l'Amore,
che sa generare
contro le avversità,
che sa radicare e crescere,
fra sassi e sterpaglie.

Mater è colei,
che sa
come annaffiare
i suoi campi.
E che vede già,
davanti a sé,
alberi rigogliosi
in terreni ancora spogli.

RISVEGLI

Se trovassi,
quella prodigiosa campana.
Ah! quanto la suonerei!
Fintanto che,
non mi si aprano
ferite nelle mani,
ma forse anche oltre.

Invece,
in sorte mi tocca
il dover osservare,
con rassegnato timore,
questi sonni
cancerogeni.
Vederli proliferare,
senza che niente,
possa muovere
risvegli.

Quanto spreco
di bene.
Quanta dispersione,
di potenziali,
rosei destini.
Passano, ormai,
sotto il mio sguardo,
mesto.

E CI METTO UN SORRISO

Sciolgo le maglie,
del pregiudizio.
Dissolvo le motivazioni,
che mi sarebbero
più comode.
Dico basta,
ai pensieri di pancia.

E ci metto un sorriso!

La visione
che si illumina.
Il respiro,
che perde l'affanno
e si fa leggiadro.
Il volto
che si abbellisce.
Sintomo,
di Anima ingentilita.

E ci metto un sorriso...

Anche,
su questa mia stoltezza :
tutto, in fondo,
è così semplice.
Benessere
a portata di mano,
scaturisce da rinunce
che si rivelano essere,
benedizioni.

UN'ALTRA SERA

Mi avvio
verso un'altra sera.
Mentre,
al confine con le stelle,
si stempera il mistero
di un giorno.

Che sera sarà,
quest'altra sera?
Quando puntualmente,
sotto una magia
di cielo,
mi sembrerà lecito,
aspettarmi incantesimi.

Seppur poi
mi ritroverò,
in fondo
a questa nuova sera,
a farmi
le stesse domande
di ieri...

OLTRE IL BUIO

Per andare
otre il buio,
torna,
anche fra le lacrime,
da quei sogni traditi.
Innamorati di nuovo
di loro
e rendili
ferocemente ostinati.

Raccogli da terra,
anche con la sfiducia,
i tuoi credi
disattesi.
Riscaldali di carezze,
ripara loro le crepe
e rendili
di nuovo smaglianti.

Ricerca,
anche nello sconforto,
quelle vibrazioni perdute.
Afferrale di nuovo
e tirale
con tutte le tue forze,
per estenderle
al massimo.

Perché, sai?
Anche il buio,
ha i suoi confini.
E quando lo avrai
alle tue spalle,
lo vedrai

con altro vestito,
che non fa più paura.
Non rinunciare mai,
ad essere
genitore premuroso
delle tue preziosità.

IL DISGELO

Su questi alberi,
accenni di primavera
di un giovane verde vigoroso,
spruzzato come spray.
Somigliano
a quelle tracce,
che comincio a scorgere,
con sollievo,
anche dentro me.

Brillanti
ancora piccoli,
ma dalla luccicanza
già notevole.
Fin d'ora così tenaci,
nel voler emergere.

L'Anima
si veste di gemme,
come questo viale.
Insieme lavorano,
silenti,
al proprio rifiorire.

QUEL MATTINO

Seduto su un'altura,
a ridosso
del mistico incontro,
fra terra, mare e cielo.
Me ne stavo nel vento,
che qua e là,
scompigliava ed animava
il paesaggio.

Quel mattino...
Mentre lievi
ed immateriali,
come spettri
di un gotico romanzo,
uscivano i miei pensieri.
Che gli occhi,
provvedevano a plasmare.

Quel mattino...
In una
delle tante volte
che dissi a questo mondo :
"lasciatemi"...
E dalla mia fortezza,
rimasi a contemplare
il mio universo.

E SOFFIO FORTE

Con la propulsione,
irresistibile,
di un desiderio sconfinato.
Mi gonfio il petto,
alla massima estensione

E soffio forte!

Un turbine impetuoso,
farà volare queste ore.
E sarà subito sera.
E sarà subito te.
E saranno,
subito stelle.

UNA SPLENDIDA GIORNATA D'INVERNO

Un vento freddo
che non scalfisce,
ma anzi amplifica,
folate intense
di romanticismo.
Si sublima, ora,
una splendida giornata d'inverno,
che palesa generoso
una miscela irresistibile,
di elementi fascinosi.

Il pensiero che viaggia
su brina luccicante,
sparsa come porporina.
Sotto un insolito sole,
raggiante.
Uno sfondo azzurro,
di un cielo
che non ti aspetti,
valorizza colori,
altrimenti
di poca attrattiva.

È un inverno, questo,
che sembra voler riscattarsi
da troppi pregiudizi.
Che lo vogliono triste
ed uggioso.
Anche le menti più stoiche,oggi,
dovranno ricredersi.

QUESTA PACE

Questa pace,
che lentamente
inspiro qui.
Lavora dentro me,
riempiendomi
di indulgenza.
Modificando,
fin nel profondo,
visioni
che ritenevo blindate.

Impossibile, dunque,
non volerci stringere
alleanza.

Questa pace,
che mi ha conquistato,
voglio che mi segua,
ovunque.
Davanti a me,
come obiettivo,
come faro guida,
per la restante parte
del mio percorso.

Anestetico,
per volare oltre
le circostanze
e le convenzioni.
Un rifugio
su cui planare,
come barriera
alle pressioni
e alle distrazioni fatali,
sempre in agguato.
A deviare lo spirito.

IL MIO UMILE CUORE

Non mi preoccupa,
vedere il tempo
che prosegue
con il suo lavoro.
S'illude,
se pensa che tutto
sia alla sua portata,
che tutto
possa sfiorire.

C'è un luogo,
dove
è un perenne perdente,
un puntuale fallimento.

Questo mio umile cuore,
continua sempreverde
le sue attività.
Non è invecchiato
di un solo giorno
e lo sento,
continuamente frenetico,
mentre dietro le quinte,
si adopera.
Ed io,
con giovane entusiasmo,
so per certo
che vivo per lui.

VERDE INTENSO

Incontrerò apprezzamenti,
allo stesso modo
in cui mi imbatterò,
in perplessità
e riluttanze.
Ma la semina,
come si sa
da tempo immemore,
non germoglia sempre
allo stesso modo.

Passeranno gli anni,
eppure
non mi troverai
demotivato.
Porterò avanti,
le mie parole.
Perché quel verde intenso
che contengono,
so per certo,
è sempre pronto
ad attecchire.

APOCALISSE

Un fragore in crescendo,
di piedi che battono
una marcia bramosa,
che termine non avrà.
Fino a quando,
l'asse non si sposterà.
Fino a quando,
al contrario gireranno
certi assurdi ingranaggi.

Apocalisse sarà
e la terra tremerà,
ma non a causa di ordigni.
Apocalisse sarà,
senza alcun ricorso
a cataclismi e tragedie.

Questo mondo malato,
si piegherà.
Collasserà,
sotto la forza devastante
della più furente rabbia :
quella dei cuori puri.
Questo mondo capovolto,
ad amaro prezzo pagherà,
la sua ingenuità.
Di aver sfidato,
la pazienza del bene.
Di aver sottovalutato
l'irruenza impetuosa,
di fiumi di lacrime.
Che chiedono riscatto.

MALATO D'INFINITO

Sono da poco qui
e già mi vedrai
altrove.
Non ho ancora terminato
di esplorare,
che già preme,
il bisogno di spostarsi.

Mi sento doppio, triplo.
E anche di più...
Perché l'infinito,
mi chiama.
È la mia malattia
e la mia Grazia.

Sparge rifrazioni di me,
nello spazio.
Che non si sentono, però,
disperse.
Ma anzi stanno,
vigili e bramanti.

RINGRAZIO DIO,
IL VERO AUTORE
DI QUESTO LIBRO.

MALATO D'INFINITO

Sommario

www.ingramcontent.com/pod-product-compliance
Ingram Content Group UK Ltd.
Pitfield, Milton Keynes, MK11 3LW, UK
UKHW021820190726
13853UKWH00003B/1090